THÈSE

POUR LA

LICENCE EN DROIT

SOUTENUE DEVANT LA FACULTÉ D'AIX

PAR

François-Marie-Louis-Augustin CANRON

Né à Avignon (Vaucluse)

AVIGNON

IMPRIMERIE AUBANEL FRÈRES, RUE SAINT-MARC, 10

1859

THÈSE

POUR LA

LICENCE EN DROIT

SOUTENUE DEVANT LA FACULTÉ D'AIX

PAR

François-Marie-Louis-Augustin CANRON

Né à Avignon (Vaucluse)

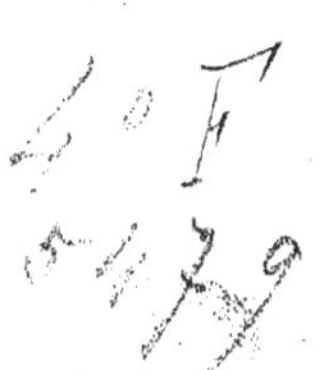

AVIGNON

IMPRIMERIE AUBANEL FRÈRES, RUE SAINT-MARC, 10

1859

A LA MÉMOIRE DE MON PÈRE

PAUL-VICTOR-AUGUSTE CANRON

Docteur en Médecine et en Chirurgie

A LA MÉMOIRE DE MA MÈRE

A MA SOEUR

JUS ROMANUM

DE EVICTIONIBUS ET DUPLÆ STIPULATIONE.

(Dig. lib. XXI. tit. 2).

Contractus, quo quis pro certo pretio rem quamdam alicui tradit, *Emptio-venditio* vocatur. Necesse quidem est ut pretium reale sit, et non fictum : nulla enim sine pretio venditio esse potest ; pretium autem in numerata debet pecunia consistere : pecuniam do ut rem accipiam, omnes dicunt.

Porro qui pecuniam dat et rem accipit, emptor est ; qui vero pecuniam accipit et rem dat, venditor. Hic tenetur præstare ut ille rem legitime tutus ac securus possideat. Sed, si emptor turbetur in possessione, duæ ejus in favorem nascuntur actiones, una scilicet *ex empto*, altera *ex stipulatu*. Priore ista actione agitur, cum non licet emptori rem ex emptionis causa habere, et posteriore, cum res evincitur.

Evictio autem nihil aliud est nisi rei emptæ per judicem ab emptore abla-tio. Fit illa triplici modo juxta Pomponium, quum nempe 1° res petitori resti-tuitur, 2° quum damnatus est emptor litis æstimatione, et denique 3° quum absolutus est possessor ab emptore in judicium vocatus. Nec refert quo in genere judicii res ablata sit ; sufficit ut ablata fuerit per judicem. Sed, si condemnatio exitum non habuerit, et emptori adhuc post judicium rem te-nere licuerit, res nullo modo evicta habetur. Idem dicendum est, si evictionem non pronuntiaverit judicis sententia , etiamsi rem habere non liceat emptori.

Ast, præter actionem ex *stipulatu* simplicem de qua supra , voluerunt Ædiles , ad majorem emptorum securitatem , aliam *ex stipulatu* interponi actionem : quæ *duplæ stipulatio* prædicatur , quod , secundum consuetudinem , duplam venditor pretii quantitatem evictionis nomine promittit.

Hujuscemodi stipulatio ad solos contractus qui emptionem redolent , ut patet ex prædictis , pertinet , quamvis aliquando in quibusdam contractibus perutiliter interponi possit. Apprime ad rem nostram Ulpianus : « Sciendum est , ait , nihil interesse ex qua causa duplæ stipulatio fuerit interposita , utrum ex causa emptionis an ex alia, ut committi possit. » Hinc Severus et Antoninus : « Quoniam avus tuus , quum tibi prædia donaret, de evictione eorum cavit , potes adversus cohœredes tuos ex causa stipulationis consistere ob evictionem prædiorum , pro portione scilicet hæreditaria. »

Animadvertendum tamen est illam duplæ stipulationem in rebus vilioribus non interponi , neque in fiscalibus venditionibus , neque etiam si rei venditæ vitia manifesta sint. Nec opus est rem, ut evincatur, corporalem esse ac totam ; potest illa incorporalis esse , ut jus servitutis , verbi gratia ; potest etiam non esse tota , ut si ex partibus rei una tantum evincatur.

Quinque autem requiruntur conditiones ut duplæ stipulatio valide committatur. Necesse enim est :

1° Ut ex ea causa proficiscatur quam non exceperit venditor ;

2° Ut ex ea causa contingat quæ non emerserit post contractum ;

3° Ut jure facta sit ;

4° Ut citra culpam emptoris contigerit ;

5° Ut lis venditori denuntiata sit.

Non solum committitur evictionis stipulatio , quum emptori per judicem res aufertur , sed etiam cum successori ejus aufertur. Qua commissa, actio soli stipulatori solisve ejus universalibus successoribus competit adversus eum qui de evictione spoponderit , aut adversus hæredes ejus.

Ex illa actione venit dupla pretii quæ promissa fuit , non aucta nec minuta ex eo quod rei venditæ ante evictionem accessisse aut decessisse potuerit.

Extinguitur autem actio hæc, quum res jam non evinci potest emptori aut ejus hæredi, aut alteri successori cui emptor sit ipse de evictione obligatus.

CODE NAPOLÉON

DE L'ACTIF DE LA COMMUNAUTÉ LÉGALE.

(Livre III. Art. 1401-1408).

Il y a deux sortes de règles relativement au mariage : celles qui tiennent à l'ordre public, et celles qui ne se rapportent qu'aux intérêts pécuniaires des époux. On ne peut déroger aux premières par quelque convention que ce soit, tandis qu'au contraire la loi laisse aux parties toute liberté à l'égard des secondes. Ainsi, les prescriptions du Code Napoléon en ce qui concerne la Puissance Paternelle, la Minorité, la Tutelle, l'Emancipation sont formelles : on ne peut s'en écarter ni les éluder en aucune façon. Mais pour les conventions matrimoniales, les conjoints peuvent accepter celui des régimes légaux qui leur plaira davantage, ou bien les modifier à leur gré pour ensuite les combiner ensemble et s'en faire un régime à part.

Il est des cas cependant, et ils se présentent fréquemment dans certaines parties de la France, où les époux n'ont point fait de contrat de mariage. Alors la loi a pris soin elle-même de régler leur position, et elle a établi qu'à défaut de stipulations spéciales, les règles du régime de la communauté forment le droit commun en France.

Or, le régime de la communauté est une véritable société de biens entre époux. A ce titre, elle a une grande analogie avec les sociétés ordinaires.

En effet, pour ne toucher qu'à un seul point, elle a, comme toute société, un passif et un actif, avec cette différence toutefois que, tous les biens n'étant pas communs entre les deux époux, certains d'entr'eux restent la propriété, le propre de l'un ou de l'autre. De là, trois patrimoines bien distincts dans la Communauté légale, le patrimoine du mari, le patrimoine de la femme et le patrimoine commun à tous les deux. Le Code Napoléon indique assez clairement dans son troisième livre (de l'article 1404 à l'article 1408) la composition de ce triple patrimoine. Et d'abord

I.

QUELS SONT LES BIENS QUI TOMBENT DANS LA COMMUNAUTÉ ?

Ces biens sont des quatre sortes. Ce sont :

1° Les *meubles* que les époux possédaient au jour de la célébration du mariage. Le mot *meubles* est pris ici dans son sens le plus général : il comprend tous les meubles corporels, tous les meubles incorporels, tous les meubles meublants, toutes les créances et actions ayant pour objet des effets mobiliers, les actions ou intérêts dans les compagnies de finances, de commerce et d'industrie, les rentes perpétuelles résultant de la vente d'un immeuble, les successions mobilières ouvertes au moment du mariage, enfin tout ce qui n'est pas immeuble.

2° Tous les *immeubles* acquis entre la signature du contrat de mariage et la célébration du mariage, en échange de choses mobilières destinées à tomber dans la communauté. Cependant, si l'acquisition de l'immeuble était faite en exécution de quelque clause du mariage, elle serait réglée d'après les conventions.

3° Tous *les biens* acquis pendant le mariage, les immeubles à titre onéreux seulement, et les meubles à quel titre que ce soit.

4° Les *fruits et revenus* des biens qui restent propres aux époux ; car la communauté est usufruitière des biens mobiliers et immobiliers des époux, et cet usufruit suit les règles ordinaires , avec la différence seulement que, si la perception des fruits qui aurait pu être faite durant le mariage ne l'a pas été, il en sera dû récompense par l'époux qui seul en a profité, non point à l'époux qui était propriétaire du fond, mais bien à la Communauté qui a été appauvrie. Ainsi, les coupes de bois et les produits des carrières et mines tombent dans la communauté pour tout ce qui en est considéré comme usufruit, aussi bien que les fruits pendants par racine au temps où la communauté commence et à l'instant où elle se dissout.

Voyons maintenant

II.

QUELS SONT LES BIENS QUI RESTENT PROPRES AUX ÉPOUX.

Tous les biens meubles et immeubles qui ne tombent point dans la communauté prennent le nom de *propres*, et ils restent la propriété de l'un ou de l'autre des époux, lequel les prélevera lors du partage de la communauté.

Ce sont :

1° Les immeubles possédés par les conjoints au moment de la célébration du mariage ; s'ils sont vendus depuis , la communauté en doit récompense, à moins qu'il n'en ait été fait remploi.

2° Les immeubles acquis pendant le mariage en vertu d'une cause préexistante, d'un titre antérieur à la célébration : l'immeuble, par exemple, acheté par l'un des époux sous une condition qui , suspensive avant le mariage, vient ensuite à s'accomplir.

3° Les immeubles échus à l'un ou à l'autre des époux pendant le mariage par succession ou donation, à moins que le disposant n'ait manifesté l'intention formelle de les faire tomber dans la communauté. Mais, si la donation était faite par un autre que l'un des ascendants, elle tomberait dans la communauté, lors même que le donateur eût déclaré vouloir payer ses dettes au moyen de cette donation. Il n'en serait pas ainsi, si cette même douation était faite dans ce but par l'un des ascendants : regardée alors comme un avancement d'hoirie ou un arrangement de famille, elle resterait en propre à l'époux donataire.

4° Les immeubles acquis en échange d'un propre mobilier ou immobilier. Dans ce cas, l'immeuble prend le caractère de la chose aliénée : il lui est substitué par une subrogation réelle.

5° Les immeubles acquis avec des sommes provenant de l'aliénation d'immeubles propres, ou bien avec des sommes que dans le contrat de mariage, tout en stipulant le régime de la communauté, les époux ont déclaré devoir leur rester propres. Il y a encore ici subrogation réelle.

6° Les portions d'immeubles acquises pendant le mariage, sur licitation ou autrement, par l'époux qui avait déjà, comme propre, une part indivise dans les mêmes immeubles. Observons toutefois que, dans le cas où le mari deviendrait, seul et en son nom personnel, adjudicataire ou acquéreur d'une portion ou de la totalité de l'immeuble appartenant par indivis à sa femme, celle-ci, à la dissolution de la communauté, peut ou laisser pour le compte de son mari l'acquisition qui tombe alors dans la communauté laquelle lui doit récompense à elle, ou retirer l'immeuble en remboursant à la communauté le prix de l'acquisition. Observons encore que, dans les acquisitions d'immeubles précédemment énumérées, si la communauté ou l'autre conjoint a fourni quelque somme pour ces acquisitions, il sera dû à la communauté, il sera dû à ce conjoint indemnité ou récompense.

7° Les immeubles qui réellement, et non point par destination simplement, sont unis à un propre depuis la célébration du mariage; tels sont l'alluvion qui vient s'unir à la propriété riveraine d'un fleuve, et l'édifice construit par la communauté sur un terrain propre.

8° Les immeubles, dans la propriété desquels l'un des époux est rentré depuis la célébration du mariage à la suite de la rescision ou de la résolution de l'aliénation.

9° Tous les meubles donnés ou légués à l'un des époux sous la condition expresse qu'ils n'entreront pas en communauté. Cependant, si le donataire est un héritier réservataire du donateur, la condition que nous venons de mentionner n'est valable que jusqu'à concurrence de la portion que la loi déclare disponible ; car le droit à la réserve, n'étant pas, d'après l'article 921, exclusivement attaché à la personne des conjoints, tombe dans la communauté.

10° Tous les meubles acquis en échange d'un propre mobilier ou immobilier : nouvelle subrogation réelle.

11° Les produits des propres, lorsqu'ils n'ont pas le caractère de fruits. Telles sont les coupes des bois, lorsque les bois de haute futaie propres sont mis en coupe réglée ; tels sont les produits des carrières ou mines ouvertes depuis le mariage sur les immeubles propres.

12° La portion de trésor attribuée au propriétaire, quand le trésor est trouvé sur le fonds qui appartient en propre à l'un des conjoints ; et cela, d'après l'article 1403, parce que le trésor n'a pas le caractère de fruits.

Ainsi se compose l'actif de la communauté légale : le mari seul a le droit d'administrer le fonds commun, il a le pouvoir d'en disposer, et, sauf certaines restrictions, il peut le dissiper. La femme n'a que la faculté de faire cesser la communauté en demandant la séparation de biens, quand sa dot est en péril, et d'y renoncer pour se soustraire au paiement des dettes.

Quant aux biens propres, le mari seul en a l'administration. Toutefois il ne peut aliéner les immeubles de sa femme sans le concours de celle-ci, et celle-ci, de son côté, ne peut les aliéner sans l'assistance de son mari.

PROCÉDURE CIVILE

DES JUGEMENTS AVANT-DIRE-DROIT ET DÉFINITIFS.

On donne en général le nom de *Jugement* à toute décision émanée d'une autorité judiciaire sur une contestation qui lui est soumise.

Les Jugements peuvent être considérés sous un triple point de vue. Si c'est l'intervention des parties dans la discussion que l'on envisage, ils sont *contradictoires* ou *par défaut ;* si c'est le recours dont ils sont susceptibles , ils sont en *premier* ou *en dernier ressort* ; si c'est enfin l'état où doit se trouver la question après leur prononcé , ils sont *avant-dire-droit* ou *définitifs.* Nous n'avons à les examiner ici que sous ce dernier aspect.

I.

DES JUGEMENTS DÉFINITIFS.

Et d'abord , qu'est-ce qu'un jugement définitif? Son nom indique assez clairement que c'est celui qui met fin à la contestation, qui statue sur toute la cause et la termine , bien entendu dans la limite des pouvoirs et de la compétence du tribunal. Telle est la définition générique de ces sortes de jugements. Il est cependant certains jugements qui , sans mettre fin à la contestation , peuvent être , à cause de leur objet , classés au nombre des jugements définitifs, celui, par exemple, qui prononce séparément sur une fin de non-recevoir, sur une exception déclinatoire, et qui laisse toutefois le fond du litige indécis.

II.

DES JUGEMENTS AVANT-DIRE-DROIT.

Au jugement définitif est opposé le Jugement *avant-dire-droit*, celui qui, avant de statuer sur le fond de la contestation, ordonne une mesure ou une instruction quelconque, soit pour prévenir les inconvénients qu'entrainerait le retard du jugement définitif, soit pour mieux éclairer la religion du Juge.

Il y a trois espèces principales de Jugements Avant-dire droit. Si le tribunal, à l'effet d'éviter les inconvénients qui résulteraient pour les parties, l'objet contesté ou la chose publique du retard du Jugement définitif, ordonne certaines mesures et prononce de suite par provision sur les questions qui, vû leur caractère spécial d'urgence, exigent célérité, son jugement s'appellera *provisoire*. Ainsi, pendant l'instance en séparation de biens dirigée par la femme contre son mari, le tribunal accorde-t-il presque toujours à cette dernière une pension pour subvenir, soit à ses propres besoins, soit aux frais du procès; ainsi encore, la chose litigieuse est-elle souvent adjugée provisoirement à celui qui a un titre ou qui en a la possession. Il est bon néanmoins de remarquer qu'il est des cas où le tribunal, avant d'accorder le provisoire à celui qui le demande, doit exiger de lui caution; car le jugement définitif peut détruire totalement l'effet du jugement provisoire rendu après tout sur de simples présomptions et pour des motifs d'urgence. Voilà pourquoi l'article 134 du Code de Procédure Civile veut « que s'il a » été formé une demande provisoire, et que la cause soit en état sur le » provisoire et sur le fond, les juges soient tenus de prononcer sur le tout » par un seul jugement.»

Si le jugement, sans rien préjuger sur le fond, ordonne des mesures propres à accélérer l'instruction de l'affaire, à mettre le procès en état de recevoir une décision définitive, il prend le nom de jugement *préparatoire*. Tels sont les jugements par lesquels le tribunal ordonne une remise de cause, une communication de pièces, une comparution de parties, etc.

Mais, si la preuve ou la vérification ordonnée préjuge le fond, si le tribunal, sans faire connaître sa décision, donne à entendre néanmoins d'une manière hypothétique quelle sera cette décision, le jugement devient *interlocutoire*. Ainsi, dans une demande en revendication d'immeuble, lorsque le défendeur allègue la prescription, offrant de prouver par témoins le fait de sa possession, et que le demandeur oppose que cette possession est vicieuse, si le tribunal admet le défendeur à faire la preuve testimoniale, il rend un jugement interlocutoire, reconnaissant évidemment par là que cette possession n'est point vicieuse ; sans quoi, il serait dérisoire de sa part d'autoriser le défendeur à faire cette preuve.

Il faudrait bien toutefois se garder de croire que le tribunal est forcé de prononcer le jugement définitif conforme au jugement interlocutoire qu'il a déjà rendu. L'interlocutoire ne lie pas le juge, dit-on ; et, pour passer à l'application, dans la demande en revendication d'immeuble que nous venons de citer pour exemple, si la preuve, une fois faite, ne paraît pas concluante au tribunal, il peut très-bien se prononcer contre la partie qu'il avait admise à la faire.

Les Jugements Avant-dire-droit, quoique ne terminant point la cause, sont pourtant susceptibles d'appel comme les jugements définitifs. Il est à remarquer seulement que l'appel du jugement préparatoire ne peut être interjeté qu'après le jugement définitif et conjointement avec l'appel de ce jugement, parce que, jusqu'au prononcé de cette dernière décision, les parties n'avaient aucun intérêt à attaquer ce qui était purement d'instruction. Par conséquent, c'est du jour de la signification du jugement définitif que court le délai de l'appel du jugement préparatoire, lors même que déjà ce jugement eût été entièrement exécuté.

DROIT COMMERCIAL.

DES RISQUES DONT SE CHARGE LE PRÊTEUR A LA GROSSE.

Le contrat à la grosse aventure (*nauticum fœnus* chez les Romains), qu'on appelle aussi le prêt ou le contrat à la grosse, n'est point un prêt ordinaire. Nos Maîtres le définissent avec raison « un prêt fait sur des objets exposés » aux risques de la navigation, à condition que, s'ils arrivent sans dom- » mage à leur destination, l'emprunteur remboursera le capital avec des in- » térêts assez élevés ; que, si au contraire ils se détériorent par cas fortuit, » les droits du prêteur seront réduits en proportion ; et qu'enfin, s'ils péris- » sent par cas fortuit, le prêteur n'aura aucune action sur l'emprunteur. »

Cette définition indique assez clairement quels sont les risques dont se charge le prêteur : il n'a donc à répondre que des cas fortuits maritimes, de ceux-là uniquement qui arrivent par accident de force majeure, procè- dent de la mer et se réalisent sur la mer. La loi cependant a laissé aux parties contractantes la faculté de restreindre ou d'étendre à leur gré ces cas. Comme l'usure pourtant aurait aisément pu se cacher sous les apparen- ces d'un simple prêt à la grosse, elle a eu soin de défendre de les circons- crire dans des limites trop étroites ; et voilà pourquoi, dans son article 330, le Code de Commerce dit que « les prêteurs à la grosse contribuent, à la » décharge des emprunteurs, aux avaries communes, et que les avaries » simples sont aussi à leur charge, s'il n'y a convention contraire. »

Nous venons de dire que les risques, pour être mis à la charge du prêteur, devaient être occasionnés par des accidents de force majeure , c'est-à-dire sans la faute du maître du vaisseau , comme on disait autrefois. Ainsi , que le désastre soit considérable ou non , la perte des objets affectés à l'emprunt sera supportée par le prêteur , si elle a été occasionnée par la tempête , le naufrage , le feu, le pillage et autres évènements fortuits et de force majeure. Mais si ces mêmes objets n'ont point péri en totalité, et qu'il en reste encore une partie , la créance du prêteur ne sera pas entièrement perdue : elle se trouvera seulement réduite à la valeur des objets qui auront pu être sauvés, déduction faite , bien entendu, des frais de sauvetage.

Cependant si l'emprunteur avait fait transborder lesdits objets sur un autre navire que le navire convenu , leur perte ou leur détérioration par accident de force majeure cesserait d'être à la charge du prêteur , lors même qu'il serait prouvé jusqu'à l'évidence que sur tout autre navire cette perte ou détérioration aurait immanquablement eu lieu.

Le prêteur n'est pas tenu non plus, l'article 326 du Code de Commerce est formel sur ce point , des déchets , diminutions et pertes qui arrivent par le vice propre de la chose et des dommages causés par le fait de l'emprunteur; par exemple, si du vin s'aigrit, si des barriques d'eau-de-vie coulent, ou , si , pour cause de contrebande , les marchandises sont confisquées par l'administration des douanes. Il n'a pas à répondre aussi des mêmes marchandises , lorsqu'elles ont été débarquées à terre : sitôt qu'elles ont été délivrées sur le quai, leur perte, leur détérioration sont à la charge de l'emprunteur. Il en est de même, si le navire fait un autre voyage que celui pour lequel le prêt avait été fait, comme aussi s'il change de route sans nécessité , bien que ce soit dans le même voyage.

Quant à la durée des risques , l'acte du prêt la détermine ordinairement, et en pareille matière les conventions font loi. C'est ainsi qu'on peut convenir que le prêt est fait pour tel ou tel voyage, sans limitation de temps , ou bien pour l'aller ou le retour seulement. C'est encore ainsi que les risques peuvent finir pour le prêteur avant que le navire ne soit arrivé à destination, si le prêt a été fait pour un temps déterminé.

Mais si le temps des risques n'est pas formellement déterminé par le contrat, il court, dit l'article 328 du Code, 1° à l'égard des navires, des agrès, apparaux, armement et victuailles, du jour que le navire a fait voile jusqu'au jour où il est ancré ou amarré au port ou au lieu de sa destination; et 2° à l'égard des marchandises, du jour qu'elles ont été chargées dans le navire ou dans les gabares pour les y porter, jusqu'au jour où elles sont délivrées à terre.

DROIT ADMINISTRATIF

DES ATTRIBUTIONS MIXTES DU CONSEIL D'ÉTAT.

Le Conseil d'État, que l'on appelait autrefois le *Conseil du roi*, date des premiers temps de la monarchie française. Il serait trop long de remonter à son origine à travers les siècles et de raconter tous les changements qu'il a dû subir sous les diverses branches de nos rois. Qu'il nous suffise de dire que, réorganisé ces dernières années en vertu de la Constitution du 14 janvier 1852 et des décrets organiques qui le suivirent, il n'est plus une autorité indépendante du pouvoir exécutif, mais un simple conseil du gouvernement, conseil supérieur, il est vrai, dont la juridiction, la plus haute de toutes, touche presque à tous les points de l'administration gouvernementale.

L'on conçoit aisément alors et l'importance et le nombre de ses attributions, que l'on divise généralement en attributions administratives, attributions mixtes et attributions contentieuses.

Les *attributions mixtes* sont les seules dont nous ayons à parler ici. On les nomme ainsi, parce qu'elles tiennent à la fois et de la nature des attributions administratives et de la nature des attributions contentieuses : elles s'exercent en effet, comme les attributions administratives, sans publicité ni débat oral, et, comme les attributions contentieuses, avec instruction contradictoire. Elles supposent l'exercice de la juridiction gracieuse, et partant elles s'appliquent toutes aux matières dans lesquelles l'intérêt privé peut réclamer et contredire.

Les cas d'attributions mixtes du Conseil d'État sont très nombreux, quoique le décret organique du 25 janvier 1852 n'en mentionne qu'un seul, celui qui concerne les affaires de haute police administrative à l'égard des fonctionnaires dont les actes sont déférés par l'Empereur lui-même à la connaissance du Conseil d'État. Il sont compris cumulativement dans les deux dispositions de l'article premier du décret précité, qui attribuent au Conseil d'État et la *proposition des décrets statuant sur les affaires administratives dont l'examen lui est déféré par des dispositions législatives ou réglementaires*, et *l'émission d'avis sur toutes les questions qui lui sont soumises par l'Empereur ou par les ministres*. Mais de tous ces cas d'attributions deux surtout offrent plus d'intérêt que les autres, soit par leur objet, soit par leur fréquence : l'un regarde les actes relatifs aux cultes, l'autre, les mises en jugement des agents du gouvernement. Nous allons les examiner :

DES ACTES RELATIFS AUX CULTES.

Les rapports officiels de l'État avec les différents cultes sont régis par cinq principes fondamentaux que consacrent autant les dispositions du Code Napoléon et du Code Pénal que certaines lois organiques basées sur les principes proclamés en 1789. Ces principes consistent dans :

1° *L'indépendance politique de l'État par rapport aux divers cultes*, c'est-à-dire, que toute liberté d'action est accordée au pouvoir temporel et qu'il n'a aucun compte à rendre à l'autorité religieuse. (Cette indépendance n'est pas nouvelle : déjà, sous Louis XIV, en 1682, la fameuse déclaration du clergé de France l'avait proclamée).

2° *L'indépendance civile de l'État vis à vis des divers cultes*, c'est-à-dire que l'état civil des Français est absolument indépendant du culte qu'ils professent et que, pour aucune religion, il n'y a, aux yeux de l'État, dans l'ordre politique et dans l'ordre civil ni prérogative, ni exclusion : c'est le sens de la loi du 20 septembre 1792 et du titre II du 1er livre du Code Napoléon.

3° *La liberté de conscience individuelle en matière de religion*, c'est-à-dire, que nul ne peut être inquiété au sujet de ses croyances religieuses : ainsi le porte la célèbre Déclaration des Droits de l'homme et du citoyen placée en tête de la constitution de 1791.

4° *Le droit de surveillance exercée par l'État sur l'exercice des différents cultes*, droit sanctionné, en vue de la sécurité publique, par le Code Pénal, de l'art. 199 à l'art. 208 et de l'art. 291 à l'art. 294. C'est en vertu de ce droit que l'État se reconnait celui d'interdire l'exercice public des cultes qui pourraient offrir des dangers pour l'ordre et la morale; or, l'on sait que jusqu'à présent le culte Catholique, le culte israélite, le culte protestant des églises réformées et celui de la confession d'Augsbourg sont les seuls autorisés par la loi.

5° *L'égalité de protection pour tous les cultes reconnus*, égalité contenue en principe dans le titre I de la constitution de 1791, et sanctionné par l'État, au point de vue politique par l'attribution d'un traitement sur le trésor, et au point de vue administratif par le Code Pénal de l'art. 260 à l'art 264.

D'après ces principes, le Conseil d'État donne les autorisations qui lui sont demandées relativement aux cultes, et connait des recours pour abus qui lui sont déférés.

Les autorisations s'appliquent à la publication, pour le culte Catholique des bulles et actes du Saint-Siége, décrets des conciles généraux et des synodes étrangers, et pour le culte protestant des formulaires et confessions (Loi du 18 germinal an X, art. 1, 5, 4,); — à l'établissement des Communautés religieuses qui veulent acquérir l'existence légale et prendre le caractère de personnes civiles (Loi du 24 mai 1825.); — aux fondations, dons et legs en faveur de l'exercice des cultes, pour l'entretien des ministres ou au bénéfice des Communautés religieuses légalement reconnues.

Quant au recours pour abus, il date du XIVe siècle: la première application en fut faite sous Philippe-le-Bel, lorsque l'évêque de Pâmiers, légat du Pape Boniface VIII fut traduit devant le conseil du roi. Depuis, cet appel à l'autorité civile des actes de l'autorité religieuse a été mis fréquemment en usage. D'ailleurs la loi du 18 Germinal an X énumère les abus en matière religieuse dont on peut appeler au conseil d'État. Ce sont: 1° *pour le culte Catholique*, l'usurpation ou excès de pouvoir, la contravention aux lois et règlements de l'État, l'infraction des règles consacrées par les Canons reçus

en France , toute entreprise portant atteinte aux libertés et franchises de l'É-
glise gallicane , et tout ce qui dans l'exercice du culte pourrait troubler la
conscience des citoyens, compromettre leur honneur et dégénérer en scan-
dale public; — 2° *pour le culte protestant*, toute entreprise des ministres
sur les droits de l'autorité civile et toute dissension qui pourrait s'élever
entr'eux.

Le texte de la loi précitée ne dit rien des abus de la part des ministres
du culte israélite; et c'est par analogie seulement qu'on les assimile à
ceux qui émanent des ministres du culte protestant. L'article 7 de cette
même loi renvoie encore au Conseil d'État la connaissance des atteintes
portées à l'exercice public du culte et à la liberté que les lois et règlements
garantissent à ses ministres; ces atteintes , pour être ainsi déférées , doivent
nécessairement provenir du fait des agents de l'administration.

Nous trouvons aussi dans cette loi de quelle manière est réglée l'instruction du recours pour abus. D'abord, ce recours est permis à toute personne
intéressée : à défaut de plainte particulière, les préfets l'exercent d'office.
La personne , qui veut en appeler au Conseil d'État, adresse un mémoire
détaillé et signé au Ministre des cultes qui, dans le plus bref délai possible,
prend tous les renseignements convenables et en réfère au Conseil d'État.
Alors la section de législation examine l'affaire et en fait son rapport à
l'assemblée générale des conseillers qui est tenue de présenter sa décision
à la sanction de l'Empereur. Si le Conseil d'État a reconnu dans l'affaire
toute absence d'abus, le recours est rejeté ; s'il n'y a eu qu'un simple abus, il
se borne à le déclarer sans aucune peine matérielle, sauf pourtant le cas où,
l'abus résultant d'un écrit, la suppression officielle de l'écrit est prononcée;
et s'il y trouvait un fait plus grave tombant sous l'action du Code Pénal,
il le renvoie à l'autorité judiciaire.

DE LA MISE EN JUGEMENT DES AGENTS DU GOUVERNEMENT.

On entend par *mise en jugement des agents du Gouvernement* l'autorisation que donne le Conseil d'État de poursuivre les agents du Gouverne-

ment pour faits relatifs à leurs fonctions. Le privilége qu'ont ces agents de ne pouvoir être poursuivis qu'en vertu d'une autorisation du Conseil d'État, s'appelle *garantie constitutionnelle*. C'est l'article 75 de la Constitution du 22 frimaire an VIII qui, dans le but de protéger l'exercice des fonctions publiques contre les réclamations de l'intérêt et de la passion, a attaché ce privilége, non à la personne des fonctionnaires, mais aux fonctions qu'ils remplissent. Les agents du Gouvernement, c'est à dire, ceux qui, dépositaires d'une partie de son autorité, agissent en son nom et font partie de la puissance publique, ne jouissent point tous de ce privilége. Les magistrats de l'ordre judiciaire, les ministres des cultes, les membres de l'enseignement public n'en profitent pas ; en vertu de la Constitution du 14 janvier 1852, c'est le Sénat seul qui met en accusation les ministres; la loi du 8 décembre 1814 permet de poursuivre devant les tribunaux compétents, sans autorisation préalable, les préposés et employés de la régie des contributions indirectes prévenus de crimes et de délits dans l'exercice de leurs fonctions ; d'après l'arrêté du 10 floréal an X, les préfets, ayant pris l'avis des sous-préfets, peuvent traduire devant les tribunaux les percepteurs des contributions ; l'article 144 du décret du 17 mai 1809 leur donne aussi le droit d'autoriser la mise en jugement des simples préposés des octrois municipaux ; divers arrêtés de l'an X et de l'an XII permettent même de citer, avec la seule autorisation de leurs directeurs généraux, les agents subalternes des postes, des forêts, de l'enregistrement et domaine, des douanes, etc. La garantie constitutionnelle ne regarde, à proprement parler, que les agents administratifs, ceux qui, par la nature de leurs fonctions, sont virtuellement associés à l'action administrative du Gouvernement. Mais comme elle ne s'applique seulement qu'aux faits commis dans l'exercice ou à l'occasion de leurs fonctions, elle est entièrement étrangère aux faits qui seraient postérieurs à la cessation de ces mêmes fonctions; et par ce mot *faits* la loi entend aussi bien les actes qui peuvent être poursuivis par voie criminelle que ceux qui peuvent l'être par simple voie civile. L'article 8 du décret réglementaire du 30 janvier 1852 confie l'examen préparatoire des mises en jugement à la section de législation, de justice et des affaires étrangères, sur le rapport de laquelle l'assemblée générale est appelée à prononcer.

DES AUTRES ATTRIBUTIONS MIXTES DU CONSEIL D'ÉTAT.

Le Conseil d'État donne les autorisations nécessaires à certaines personnes civiles pour plaider, pour accepter des donations et des legs. C'est lui qui délivre les concessions des mines, les permissions relatives aux usines métallurgiques, les autorisations des travaux publics, l'approbation des sociétés anonymes. Il propose le décret impérial qui statue sur les naturalisations, sur les changements de nom. Il connait des affaires de haute police administrative à l'égard des fonctionnaires dont les actes lui sont déférés par l'Empereur, et prononce contre eux, avec l'assentiment du chef de l'État, la réprimande, la censure, la suspension ou la destitution. Il est enfin saisi des contestations relatives à la validité des prises maritimes.

DU RECOURS DONT SONT SUSCEPTIBLES LES DÉCISIONS EN MATIÈRE MIXTE.

Telles sont les attributions mixtes du Conseil d'État; quoique les décrets rendus par lui en pareille matière soient des actes souverains et d'ordre administratif, il ne faudrait pas croire toutefois qu'ils ne puissent faire l'objet d'un recours proprement dit: l'article 40 du décret du 22 juillet 1806 permet à la partie, qui se croit lésée à la suite d'une décision du Conseil d'État, de présenter une requête à l'Empereur lequel, sur le rapport qu'on lui en fait, renvoie l'affaire ou à une section du Conseil d'État ou à une commission spéciale.

Vu par le Président de la Thèse :

LOMBARD.

Vᴜ ᴇᴛ ᴘᴇʀᴍɪs ᴅ'ɪᴍᴘʀɪᴍᴇʀ :

Pour M. le Recteur de l'Académie d'Aix, empéché,
L'Inspecteur de l'Académie, délégué,

A. MONDOT.